초급
일본어회화

| 初級日本語会話 |

초급 일본어회화

한국외국어대학교 일본어통번역학과 교재편찬위원회 엮음

HUiNE

目次

초급
일본어회화

あいさつの表現

こんばんは
こんばんは

さようなら
さようなら

ありがとう
ございます
どういたしまして

すみません
だいじょうぶです

失礼(しつれい)します
どうぞ

いただきます

ごちそうさま
でした

いってきます
いってらっしゃい

ただいま
おかえり

登場人物

鈴木渉

(国際学科の男子学生、3年生、国際交流サークル)

高橋愛

(韓国語学科の女子学生、3年生、国際交流サークル)

キムミンス

(電子工学科の男子学生、韓国から留学中、

1年生、国際交流サークル)

パクユナ

(経済学科の女子学生、韓国から留学中、

1年生、国際交流サークル)

自己紹介

キムミンスの自己紹介(じこしょうかい)

はじめまして、キムミンスです。

電子工学科(でんしこうがくか)の留学生(りゅうがくせい)です。

韓国(かんこく)から来(き)ました。

趣味(しゅみ)はテニスです。

よろしくお願(ねが)いします。

高橋愛(たかはしあい)の自己紹介(じこしょうかい)

みなさん、はじめまして。

韓国語学科(かんこくごがっか)の高橋愛(たかはしあい)です。

出身(しゅっしん)は東京(とうきょう)です。

趣味(しゅみ)は読書(どくしょ)です。

どうぞよろしくお願(ねが)いします。

第1課

経済学科(けいざいがっか)のパクユナです

第1課

経済学科(けいざいがっか)のパクユナです

パク　あの～、日本(にほん)の方(かた)ですか。

高橋(たかはし)　あ、はい。日本人(にほんじん)です。

パク　はじめまして。経済学科(けいざいがっか)のパクユナです。

高橋(たかはし)　はじめまして。高橋愛(たかはしあい)です。

パク　専攻(せんこう)は何(なん)ですか。高橋(たかはし)さんも経済学科(けいざいがっか)ですか？

高橋(たかはし)　いいえ、経済学科(けいざいがっか)じゃありません。韓国語学科(かんこくごがっか)の学生(がくせい)です。

パク　あ、私(わたし)の出身(しゅっしん)は韓国(かんこく)です。

高橋(たかはし)　そうですか。よろしくお願(ねが)いします。

パク　こちらこそ、よろしくお願(ねが)いします。

練習1 例のように話しましょう。

例　A：趣味は何ですか。

　　B：（趣味は）旅行です。

例　旅行

1） 水泳

2） 音楽鑑賞

3） ゲームと映画鑑賞

4）（自由）

サッカー

野球

テニス

旅行

練習2 例のように話しましょう。

例　A：出身はどこですか。

　　B：（出身は）韓国のソウルです。

例　韓国，ソウル

1）アメリカ，ボストン

2）中国，シャンハイ

3）イギリス，ロンドン

4）（自由）

練習3 例のように話しましょう。

例　A：Bさんは学生ですか。

　　B：いいえ、学生じゃありません。先生です。

例　学生，先生

1）会社員，銀行員

2）サッカー選手，バスケットボール選手

3）経済学科の学生，国際学科の学生

4）バスの運転手，タクシーの運転手

学生（がくせい）

先生（せんせい）

会社員（かいしゃいん）

銀行員（ぎんこういん）

医者（いしゃ）

運転手（うんてんしゅ）

パイロット

スポーツ選手（せんしゅ）

練習(れんしゅう)4 自己紹介(じこしょうかい)をしましょう。

例1 はじめまして。

経済学科(けいざいがっか)のパクユナです。

一年生(いちねんせい)です。

出身(しゅっしん)はソウルです。

趣味(しゅみ)は旅行(りょこう)です。

よろしくお願(ねが)いします。

例2 はじめまして、キムミンスです。

電子工学科(でんしこうがくか)の学生(がくせい)です。

ソウル出身(しゅっしん)です。

趣味(しゅみ)はテニスと野球(やきゅう)です。

どうぞよろしくお願(ねが)いします。

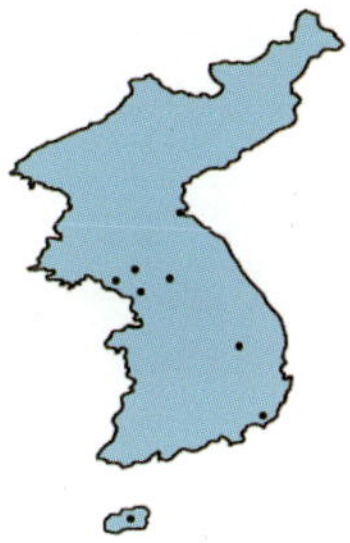

ソウル

ヨンイン

スウォン

インチョン

テグ

プサン

チェジュド

第2課

これは日本(にほん)の小説(しょうせつ)です

第2課

これは日本(にほん)の小説(しょうせつ)です

パク　先輩(せんぱい)、コーヒーどうぞ。

鈴木(すずき)　あ、パクさん、ありがとうございます。

パク　どういたしまして。

鈴木(すずき)　パクさんのもコーヒーですか？

パク　私(わたし)のは紅茶(こうちゃ)です。

鈴木(すずき)　そうですか。

パク　ところで、その本(ほん)は？

鈴木(すずき)　これは日本(にほん)のミステリー小説(しょうせつ)です。

パク　へ～。先輩(せんぱい)のですか。

鈴木(すずき)　いいえ、図書館(としょかん)の本(ほん)です。

練習1 例のように話しましょう。

例　A：それはコーヒーですか。

　　B：いいえ、これは紅茶です。

例　コーヒー，紅茶

1）緑茶，むぎ茶

2）水，日本酒

3）オレンジジュース，グレープフルーツジュース

練習2 例のように話しましょう。

例　A：それは何の本ですか。

　　B：これは料理の本です。

例　本，料理

1）雑誌，映画

2）宿題，作文

3）チケット，ロックバンドのライブ

4）（自由）

練習(れんしゅう)3 例(れい)のように話(はな)しましょう。

例(れい)　A：これは誰(だれ)のかばんですか。

　　B：（それは）キムさんのかばんです。

例(れい)　かばん，キムさん

1）財布(さいふ)，パクさん

2）時計(とけい)，先生(せんせい)

3）携帯電話(けいたいでんわ)，私(わたし)

4）（自由(じゆう)）

練習(れんしゅう)4 例(れい)のように話(はな)しましょう。

例(れい)　A：このかばんは誰(だれ)のですか。

　　B：えっと、、、そのかばんはキムさんのです。

例(れい)　かばん，キムさん

1）ノート，パクさん

2）メガネ，鈴木(すずき)さん

3）かさ，高橋(たかはし)さん

4）（自由(じゆう)）

練習5 グループゲームをしましょう。

手順 3～4人のグループになってください。1人ずつ、他の人に見えないように所持品(e. g. ペン)を3つ袋に入れてください。1人ずつ袋の中から物を取り出し、以下の会話を参考にして誰の物かを当ててください。

A：これはBさんのペンですか。
B：はい、それは私のです。(Aさんからペンを受け取る。)

A：これはBさんのペンですか。
B：いいえ、それは私のじゃありません。
A：それでは、これはCさんのペンですか。
C：はい、それは私のです。(Aさんからペンを受け取る。)

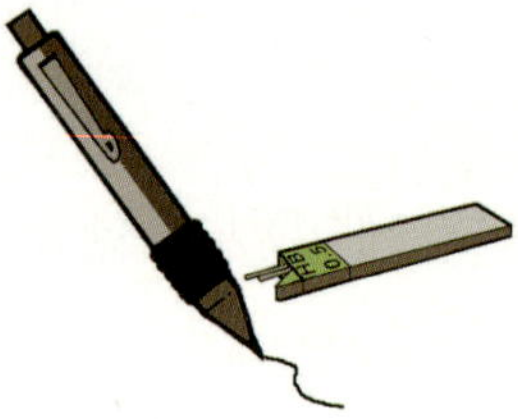

シャープペン

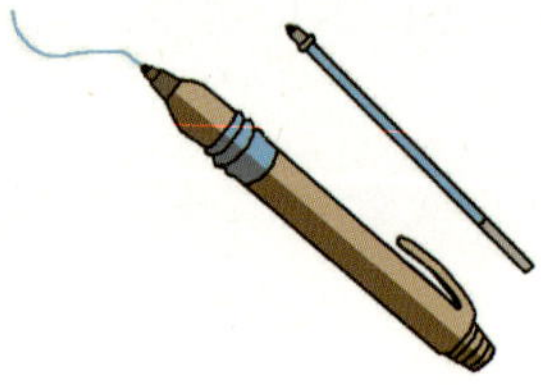

ボールペン

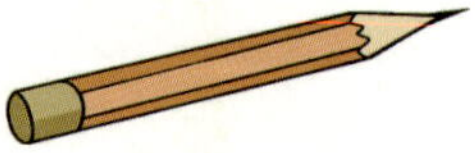

えんぴつ

消(け)しゴム

教科書(きょうかしょ)

ノート

電子辞書(でんしじしょ)

雑誌(ざっし)

時計(とけい)

財布(さいふ)

メガネ

携帯電話(けいたいでんわ)

水（みず）

サイダー

緑茶（りょくちゃ）

むぎ茶（ちゃ）

オレンジジュース

リンゴジュース

グレープフルーツジュース

コーヒー

紅茶（こうちゃ）

ビール

ワイン

日本酒（にほんしゅ）

第3課

静(しず)かな音楽(おんがく)が好(す)きです

第3課

静かな音楽が好きです

パク　高橋先輩、このお店のコーヒーはどうですか。

高橋　少し甘いです。パクさんのは？

パク　これは甘くありません。私は甘い飲み物が少し苦手です。

高橋　そうですか。このカフェ、ケーキもおいしいですね。

それに、雰囲気がとてもいいです。

パク　そうですね。音楽もいいです。

高橋　パクさんはどんな音楽が好きですか。

パク　静かな音楽が好きです。

あ、ところで、あの店員さん、ハンサムですね。

高橋　う～ん、そうですね～。でも、あまり親切じゃありません。

練習1 例のように話しましょう。

例　A：そのケーキはおいしいですか。

B：はい、おいしいです。/ いいえ、(あまり)おいしくありません。

例　ケーキ，おいしい

1）日本料理，好きだ

2）今日，忙しい

3）Bさんの家，広い

4）Bさんの友だち，（自由）

練習2 例のように話しましょう。

例　A：高橋さんはどんな人ですか。

B：親切な人です。

例　高橋さん，人，親切です

1）鈴木さん，人，元気です

2）すき焼き，料理，高いです

3）ゴーヤ，野菜，苦いです

4）サワー，お酒，甘いです

5）ビビンバ，料理，（自由）

6）（自由），先生，（自由）

練習3 例のように話しましょう。

例　A：大阪はどんな所ですか。

　　B：食べ物がおいしい所です。

例　大阪，食べ物がおいしいです

1）北海道，雪まつりが有名です

2）沖縄，海がきれいです

3）京都，古いお寺が多いです

4）ソウル，(自由)

5）プサン，(自由)

練習4 例のようにインタビューをしましょう。

例　A：どんな料理が好きですか。

B：辛い料理が好きです。例えば、〇〇が好きです。

	＿＿＿＿さん	＿＿＿＿さん	＿＿＿＿さん
料理，好きだ			
料理，嫌いだ			
スポーツ，得意だ			
スポーツ，苦手だ			

おいしい・まずい

温(あたた)かい・冷(つめ)たい

甘(あま)い・辛(から)い

暑(あつ)い・寒(さむ)い

いい・悪(わる)い

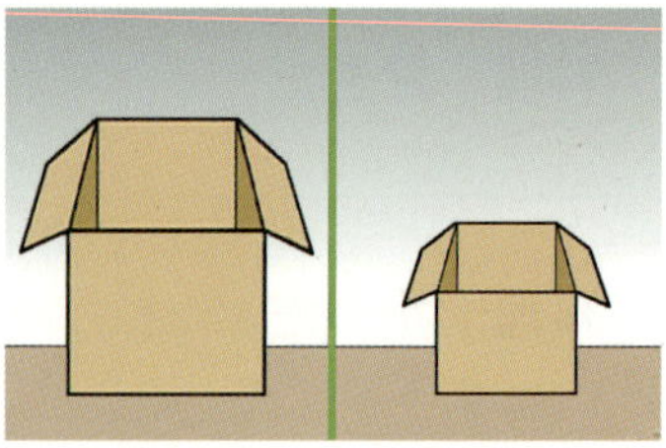

大(おお)きい・小(ちい)さい

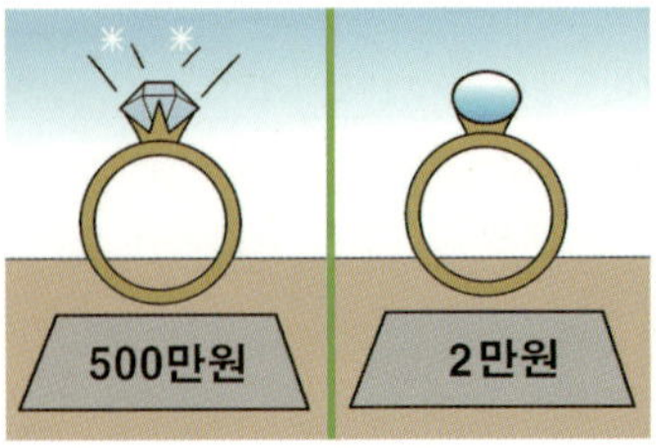

高(たか)い・安(やす)い

やさしい・難(むずか)しい

新(あたら)しい・古(ふる)い

おもしろい・つまらない

楽(たの)しい

忙(いそが)しい

ハンサムな

きれいな

きれいな

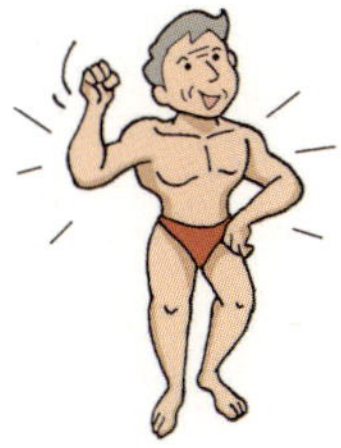

元気(げんき)な

親切(しんせつ)な

まじめな

静(しず)かな

便利(べんり)な

暇(ひま)な

好(す)きな・嫌(きら)いな

上手(じょうず)な・下手(へた)な

第4課

おいしいですが、少し(すこ)辛い(から)です

第4課

おいしいですが、少(すこ)し辛(から)いです

高橋(たかはし)　日本語(にほんご)の授業(じゅぎょう)、どうですか。

キム　今日(きょう)の授業(じゅぎょう)は漢字(かんじ)が多(おお)くて難(むずか)しかったです。ちょっと大変(たいへん)でした。

高橋(たかはし)　何(なん)の授業(じゅぎょう)ですか。

キム　「日本語読解(にほんごどっかい)」です。あ、でも、難(むずか)しかったですが、
おもしろかったです。

高橋(たかはし)　そうですか。

キム　ところで、このカレーおいしいですね。

高橋(たかはし)　はい、おいしいですが、私(わたし)には少(すこ)し辛(から)いです。

キム　え、私(わたし)には全然(ぜんぜん)辛(から)くありませんよ。

高橋(たかはし)　そうですか。このカレー、量(りょう)は多(おお)いですが、少(すこ)し高(たか)かったですね。

キム　はい、そうですね。

練習1 例のように話しましょう。

例　A：漢字テストは難しかったですか。

B：はい、難しかったです。/ いいえ、あまり難しくありませんでした。

例　漢字テスト，難しい

1）日本旅行，楽しい

2）その時計，高い

3）今日のランチ，おいしい

4）宿題，大変だ

5）駅前のカフェ，静かだ

6）デパートの店員，親切だ

練習2 例のように話しましょう。

例　A：ロールキャベツはどんな料理ですか。

B：やわらかくて、おいしい料理です。

例　ロールキャベツ，料理，やわらかい，おいしい

1）ふじホテル，ホテル，新しい，大きい

2）鈴木さん，人，頭がいい，明るい

3）高橋さん，人，きれいだ，親切だ

4）あなたの街，街，便利だ，にぎやかだ

5）HUFS，大学，（自由）

6）先生，人，（自由）

練習3 例のように、友だちを紹介しましょう。

例　A：高橋さんは、どんな人ですか。

B：高橋さんは、頭がよくて、まじめな人です。

そして、お肉はとても好きですが、野菜は嫌いです。

練習4 例のように自由に話しましょう。

例　A：高校生活はどうでしたか。

B：楽しかったですが、勉強が大変でした。

A：何が大変でしたか。

B：特に、英語が難しくて、毎日大変でした。

A：そうですか。先生はどんな人でしたか。

B：親切で優しい先生でした。

A：それはよかったですね。

1）大学生活

2）小テスト

第5課

お昼(ひる)から夕方(ゆうがた)まで勉強(べんきょう)します

第5課

お昼(ひる)から夕方(ゆうがた)まで勉強(べんきょう)します

高橋(たかはし)　明日(あした)から週末(しゅうまつ)ですね。

パク　はい。高橋先輩(たかはしせんぱい)は、明日(あした)何(なに)をしますか。

高橋(たかはし)　朝(あさ)はジムで運動(うんどう)します。そして、お昼(ひる)から夕方(ゆうがた)まで図書館(としょかん)で勉強(べんきょう)します。

パク　うわ、すごいですね。 私(わたし)は午後(ごご)に友(とも)だちと映画館(えいがかん)へ行(い)きます。

高橋(たかはし)　いいですね。午前中(ごぜんちゅう)は何(なに)をしますか？

パク　ええと、明日(あした)はたぶん11時(じ)くらいに起(お)きます。

高橋(たかはし)　じゃあ朝(あさ)ごはんは？

パク　実(じつ)は、週末(しゅうまつ)はいつも朝(あさ)ごはんを食(た)べません。
かわりに、昼(ひる)ごはんをたくさん食(た)べます。

高橋(たかはし)　はは、それもいいですね。

練習1 例のように話しましょう。

例　A：郵便局は何時から何時までですか。

　　B：（郵便局は）午前9時から午後5時までです。

例　郵便局，9時，5時

1) ○○カフェ, 10時, 7時

2) ○○銀行, 9時, 4時

3) ○○デパートのレストラン, 11時, 10時

4) ○○病院の受付, 8時半, 6時

練習2 例のように話しましょう。

例　A：Bさん、今度の週末日本語を勉強しますか。

　　B：はい、勉強します。Aさんも勉強しますか？

　　A：いいえ、私は勉強しません。

例　勉強する

練習3 例のように話しましょう。

例　A：今日の午後、何をしますか。

　　B：宿題をします。

例　今日の午後，宿題，する

1）明日の午後，プール，＿＿（e. g.　泳ぐ，遊ぶ）

2）明日の夜，お酒，＿＿（e. g.　飲む）

3）今夜，家，＿＿（e. g.　休む）

4）毎朝，ニュース，＿＿（e. g.　見る）

5）毎晩，図書館，＿＿（e. g.　勉強する，本を読む）

練習4 来週のスケジュールを書きましょう。そして、例のように話しましょう。

例　A：月曜日、何をしますか。

　　B：午後2時にカフェで友だちに会います。

　　A：それでは火曜日は何をしますか。

　　B：（自由）

	午前	午後
月曜日		2時：カフェで友だちに会います
火曜日		
水曜日		
木曜日		
金曜日		
土曜日		
日曜日		

としょかん
図書館

こうえん
公園

ぎんこう
銀行

ゆうびんきょく
郵便局

びょういん
病院

えいがかん
映画館

デパート

レストラン

カフェ

起(お)きる

寝(ね)る

食(た)べる

飲(の)む

見(み)る

読(よ)む

書(か)く

聞(き)く

話(はな)す

歌(うた)う

買(か)う

行(い)く

来(く)る

帰(かえ)る

立(た)つ

座(すわ)る

やす
休む

あそ
遊ぶ

ある
歩く

はし
走る

およ
泳ぐ

べんきょう
勉強する

うんどう
運動する

りょこう
旅行する

第6課

いっしょに桜を見に行きませんか

第6課

いっしょに桜を見に行きませんか

鈴木　桜の季節ですね。

パク　はい。そういえば、先週の土曜日に桜を見に行きましたよ。

鈴木　花見ですか～、いいですね。どこに行きましたか。

パク　ふじ公園です。家の近所からバスで行きました。

鈴木　あ、ふじ公園は桜が有名ですよね。

パク　はい。とてもきれいでした。

鈴木　お酒は飲みましたか？

パク　いいえ、飲みませんでした。でも、お弁当を食べましたよ。

鈴木　あ～、うらやましい。

パク　じゃあ、今週の金曜日、いっしょに桜を見に行きませんか。

鈴木　いいですね、行きましょう。

練習(れんしゅう)1 例(れい)のように話(はな)しましょう。

例(れい)　A：エイプリルフールはいつですか。

　　　B：4月1日(がつついたち)です。

例(れい)　エイプリルフール，4月1日

1）バレンタインデー，2月14日

2）子(こ)どもの日(ひ)，5月5日

3）七夕(たなばた)，7月7日

4）母(はは)の日(ひ)，＿＿

5）誕生日(たんじょうび)，＿＿

6）（自由(じゆう)）

練習(れんしゅう)2 例(れい)のように話(はな)しましょう。

例(れい)　A：プサンから福岡(ふくおか)まで何(なに)で行(い)きますか。

　　　B：フェリーで行(い)きます。

例(れい)　プサン，福岡(ふくおか)，フェリー

1）ソウル，東京(とうきょう)，飛行機(ひこうき)

2）ソウル，プサン，＿＿（e.g. 車(くるま)，夜行(やこう)バス）

3）家(いえ)，大学(だいがく)，＿＿（e.g. 自転車(じてんしゃ)，バス，電車(でんしゃ)）

4）（自由(じゆう)）

練習3 例のように話しましょう。

例 A：昨日の夜、宿題をしましたか？

B：いいえ、しませんでした。Aさんはしましたか？

A：はい、しました。

例 昨日の夜，宿題をする

1）今朝，新聞を読む

2）誕生日に，ケーキを食べる

3）おととい，大学に来る

4）（自由）

練習4 例のように自由に話しましょう。

例1　A：明日の午後は、ひまですか？

B：はい。ひまですよ。

A：じゃあ、映画を見に行きませんか？

B：いいですね、行きましょう ／

すみません、映画はちょっと…

例2　A：明日の午後は、ひまですか？

B：すみません、明日の午後はちょっと… ／

すみません、用事があります。

いつ？	イベント
火曜日の午後	映画を見に行きます。
水曜日の午前	図書館でいっしょに勉強します。

第7課

机(つくえ)の上(うえ)に教科書(きょうかしょ)が二冊(さつ)あります

第7課

机の上に教科書が二冊あります

高橋　あれ、机の上に日本語の教科書が二冊ありますよ。

パク　一冊は私のです。もう一冊は、たぶん、キムさんのです。

高橋　あ、そうですか。

パク　この箱は何ですか。中に何かありますね。

高橋　ああ、これは去年のサークル旅行の写真です。
ペンションでバーベキューや花火をしました。

パク　うわ～、いいですね。高橋先輩はどこにいますか。

高橋　えっと、私はここです。

パク　あ、本当ですね。今年もサークル旅行はありますか？

高橋　はい、ありますよ。

練習1 例のように話しましょう。

例　A：渋谷には何がありますか。

　　B：デパートや本屋があります。

例　渋谷，デパート，本屋

1）新宿，高いビル，大きい公園

2）原宿，おいしいクレープ屋，洋服のお店

3）秋葉原，電気屋，アニメのショップ

4）ソウル，（自由），（自由）

5）プサン，（自由），（自由）

練習2 例のように話しましょう。

例　サークルのバーベキューパーティーの準備

　　A：バーベキューには何人来ますか。

　　B：14人来ます。

例　バーベキューには何人来ますか，14

1）二次会には何人行きますか，10

2）ビールは何本用意しますか，7

3）お皿は何枚用意しますか，20

4）コップはいくつ用意しますか，14

5）（自由）

練習3 例のように話しましょう。

例　A：教室に誰かいますか。

　　B：はい、先生がいます。

例　教室，先生

1） 机の中，ボールペン

2） 隣の部屋，妹

3） 家の外，犬

4） ジャケットのポケットの中，財布

5） 事務室，誰も

6） かばんの中，何も

練習4 「間違い探し」をしましょう。

ペアになって、別々の絵を見てください。そして、次のように会話をしながら、違うところを探しましょう。

例 A：机の上に時計がありますか。

B：いいえ、ありません。めがねがあります。

練習4 間違い探しの絵1

練習(れんしゅう)4 間違(まちが)い探(さが)しの絵(え)2

第8課

通訳の仕事がしたいです

第8課

通訳(つうやく)の仕事(しごと)がしたいです

キム　今日(きょう)はすこし暑(あつ)いですね。アイスが食(た)べたくなります。

高橋(たかはし)　じゃあ、買(か)いに行(い)きましょう。

キム　はい。ところで、先輩(せんぱい)は3年生(ねんせい)ですよね。

高橋(たかはし)　はい。

キム　あの、将来(しょうらい)の夢(ゆめ)はありますか？

高橋(たかはし)　私(わたし)は貿易(ぼうえき)の仕事(しごと)がしたいです。

キム　貿易(ぼうえき)ですか。かっこいいですね。

高橋(たかはし)　キムさんは？将来(しょうらい)、何(なに)になりたいですか。

キム　私(わたし)は韓国語(かんこくご)と日本語(にほんご)の通訳(つうやく)の仕事(しごと)がしたいです。
だから勉強(べんきょう)して、通訳(つうやく)の資格(しかく)がほしいです。

高橋(たかはし)　そうですか。がんばってください！

練習1 例のように話しましょう。

例　A：誕生日、何かほしいものがありますか。

B：はい！ネックレスがほしいです。

例　誕生日，ネックレス

1）バレンタインデー，チョコレート

2）ホワイトデー，キャンディー

3）クリスマス，財布

4）入学祝い，（自由）

5）卒業祝い，（自由）

練習2 例のように話しましょう。

例　A：週末、何がしたいですか。

B：買い物がしたいです。

例　買い物をする

1）映画を見る

2）お寿司を食べる

3）海に行く

4）（自由）

練習3 例のように話しましょう。

例　A：かぜはだいじょうぶですか？

B：ありがとうございます。＿＿なりました。（元気だ）

1）　A：あ、＿＿なりましたよ。（12時）

B：そうですね。それでは、お昼を食べましょう。

2）　A：サッカー、とても＿＿なりましたね。（上手だ）

B：そうですか？ありがとうございます。

3）　A：もう＿＿なりましたね。（5月）

B：はい、＿＿なりました。（暖かい）

4）　A：娘さん、＿＿なりましたね。（大きい）

B：はい、もう＿＿なりました。（中学生）

5）　A：駅前のレストラン、最近、＿＿なりましたね。（きれいだ）

B：はい、でも値段も＿＿なりましたよ。（高い）

練習(れんしゅう)4 例(れい)のように自由(じゆう)に話(はな)しましょう。

例(れい)

A：Bさん、子(こ)どものころ、何(なに)になりたかったですか。

B：歌手(かしゅ)になりたかったです。

A：それでは、今(いま)は何(なに)になりたいですか。

B：教師(きょうし)になりたいです。そして、子(こ)どもに英語(えいご)を教(おし)えたいです。

A：そうですか。どんな教師(きょうし)になりたいですか。

B：優(やさ)しくて、親切(しんせつ)な教師(きょうし)になりたいです。

第9課

チョコレートケーキのほうが好きです

第9課

チョコレートケーキのほうが好(す)きです

高橋(たかはし)　これ、大学(だいがく)の前(まえ)のケーキ屋(や)で買(か)って来(き)ました。
セールで2個(こ)390円(えん)でした。一(ひと)つどうですか？

パク　わあ、ありがとうございます！

高橋(たかはし)　パクさんは、チーズケーキとチョコレートケーキ、
どちらが好(す)きですか。

パク　私(わたし)はチョコレートケーキのほうが好(す)きです。

高橋(たかはし)　じゃあ、これどうぞ。
私(わたし)はチョコレートケーキよりチーズケーキのほうが好(す)きです。

パク　よかったです。先輩(せんぱい)は、ケーキの中(なか)で何(なに)がいちばん好(す)きですか。

高橋(たかはし)　レアチーズケーキです。
普通(ふつう)のチーズケーキより甘(あま)くなくて、私(わたし)は好(す)きです。

練習1 例のように話しましょう。

例　A：英語は難しいですか。

　　B：はい、日本語より難しいです。

例　英語，難しい，日本語

1）チョコレートケーキ，甘い，チーズケーキ

2）Bさん，まじめだ，（自由）

3）沖縄，暑い，（自由）

4）Bさんの部屋，きれいだ，（自由）

練習2 例のように話しましょう。

例　A：この時計とあの時計、どちらが高いですか。

　　B：この時計のほうが高いです。

例　この時計，あの時計，高い

1）3月，4月，暖かい

2）土曜日，日曜日，ひまだ

3）日本語，（自由），難しい

4）カレー，（自由），好きだ

練習3 例のように話しましょう。

例　A：モヒョンでいちばんおいしいチキン屋はどこですか。

　　B：外大前チキンです。

例　モヒョン，おいしいチキン屋，外大前チキン

1）東京，にぎやかな駅，新宿

2）日本，寒いところ，北海道

3）韓国，暑いところ，（自由）

4）大学の近く，おいしい店，（自由）

練習4 例のように話しましょう。

例　A：韓国料理の中で何がいちばんおいしいですか。

　　B：タッカルビです。

例　韓国料理，何，おいしい，タッカルビ

1）野菜，何，きらいだ，ピーマン

2）メロンとスイカといちご，どれ，高い，メロン

3）大学の授業，どの授業，むずかしい，（自由）

4）このクラス，誰，（自由），（自由）

練習5 メニューを見て、例のように自由に話しましょう。

例　店員　いらっしゃいませ。

お客　えっと、オムライスとカフェラテのホットを1つください。

店員　オムライスとカフェラテのホットを1つですね。

全部で1, 050円です。

［お客が1, 100円を払う］

店員　ありがとうございます。50円のおつりです。

ドリンクメニュー

ブレンド：270円(ホット, アイス)

カフェラテ：350円(ホット, アイス)

カプチーノ：400円

ココア：350円

紅茶(ミルク, レモン)：320円

フードメニュー

オムライス：700円

カレー：600円

ナポリタン：700円

ペペロンチーノ：650円

ミックスサラダ：380円

アボカドサラダ: 450円

第10課

たこ焼(や)きを売(う)っていますよ

第10課

たこ焼きを売っていますよ

パク　あ、あそこでたこ焼きを売っていますよ！

高橋　本当ですね。

パク　ステージではアイドルが歌を歌っています。

高橋　じゃあ、歌を聞いてから、たこ焼きを食べませんか？

パク　いいですね！私は歌が好きで、最近よくカラオケに行きます。

高橋　どんな歌をよく歌いますか。

パク　日本の歌をよく歌います。少し難しいですが、楽しいです。

[たこ焼き屋に移動]

パク　すみません、たこ焼きを二つください。

お店の人　ありがとうございます。二つで700円です。

かつおぶしは自分でかけてくださいね。

練習1 例のように話しましょう。

例　A：次の人どうぞ。

B：はい。

A：まず、自己紹介をしてください。

例　自己紹介をする

1）この会話を聞く

2）この書類を読む

3）パスポートを出す

4）ここに名前を書く

練習2 例のように話しましょう。

例　A：お風呂に入ってから、何をしますか。

　　B：お風呂に入ってから、ビールを飲みます。

例　お風呂に入る，ビールを飲む

1）授業が終わる，アルバイトをする

2）学校に着く，図書館に行く

3）お昼を食べる，(自由)

例　A：今朝、起きてから、何をしましたか。

　　B：今朝、起きてから、朝ごはんを食べました。

例　今朝、起きる，朝ごはんを食べる

1）シャワーをあびる，マッサージをする

2）昨日，家に帰る，レポートを書く

3）昨夜，サークルが終わる，(自由)

練習3 絵を見て、例のように話しましょう。

例　A：高橋さんは、今、何をしていますか。

　　B：高橋さんは、ベンチの横で電話をしています。

例　高橋さん

1）キムさん

2）パクさん

3）猫

第11課

ヨーロッパに行ったことがありますか

第11課

ヨーロッパに行ったことがありますか

パク	先輩のかばんかわいいですね。
高橋	ありがとうございます。去年フランスで買いました。
パク	へ～、フランスですか、いいですね。
高橋	はい。パリでショッピングをしたり、 スイーツを食べたりしました。
パク	おしゃれー！
高橋	はは。パクさんはヨーロッパに行ったことがありますか。
パク	はい、2年前にイギリスに行きました。 キムさんはどうですか。

キム　私(わたし)はヨーロッパに行(い)ったことがありません。
大学(だいがく)を卒業(そつぎょう)した後(あと)に旅行(りょこう)したいです。

高橋(たかはし)　私(わたし)も就職(しゅうしょく)する前(まえ)にもう一度(いちど)ヨーロッパを旅行(りょこう)したいです。

キム　ヨーロッパのどこに行(い)きたいですか。

高橋(たかはし)　そうですね、アイスランドにオーロラを見(み)に行(い)きたいです。

練習1 例のように話しましょう。

例　A：いつ試験の勉強を始めましたか。

　　B：試験の一週間前に、始めました。

例　試験の勉強を始めた，試験の一週間前に

1）サークルに入った，3か月前に

2）カラオケに行った，日本語会話の試験の後に

3）旅行の準備をする，旅行の2日前に

4）日本に留学する，二ヶ月後に

練習2 例のように自由に話しましょう。

例　A：授業が始まる前に、何か食べましたか。

　　B：はい、学食でうどんを食べました。

例　授業が____（始まります）前に，何か食べましたか，はい、学食でうどんを食べました

1）大学に____（入ります）前に，日本語の勉強をしましたか，（自由）

2）高校を____（卒業します）後に，どこか旅行に行きましたか，（自由）

3）大学を____（卒業します）前に，何かしたいことはありませんか，（自由）

4）期末試験が____（終わります）後に，どこか旅行に行きませんか，（自由）

練習3 例のように話しましょう。

例　A：週末は、いつも何をしますか。

B：ジムで運動したり、カフェで勉強したりします。

例　週末は，いつも何をしますか，ジムで運動する，カフェで勉強する

1）平日の夜は，いつも何をしますか，本を読む，音楽を聞く

2）金曜日の夜は，いつも何をしますか，(自由)

3）期末試験の後に，何がしたいですか，(自由)

4）今度の夏休みに，何がしたいですか，(自由)

練習4 例のようにインタビューをしましょう。

例　A：東京に行ったことがありますか。

B：はい、ありますよ。

おいしいレストランがたくさんありました。

A：いいですね。私は東京に行ったことがありません。

私も行きたいです。

例　A：東京に行ったことがありますか。

B：いいえ、ありません。

東京に行って、おいしい料理をたくさん食べたいです。

	________さん	________さん	________さん
東京に行く	◯:おいしい料理がたくさんあった	×:おいしい料理をたくさん食べたい	
料理をする			
飛行機に乗る			
英語で本を読む			
（自由）			

第12課

両親(りょうしん)から白(しろ)いワンピースをもらいました

第12課

両親(りょうしん)から白(しろ)いワンピースをもらいました

パク　あ、そういえば来週(らいしゅう)、キムさんの誕生日(たんじょうび)ですよ。

高橋(たかはし)　そうですか。じゃあ、何(なに)かいっしょにプレゼントをあげましょう。

パク　はい。どんなものがいいでしょうか。

高橋(たかはし)　そうですねえ。勉強(べんきょう)するときに便利(べんり)なものがいいですね。

パク　4色(しょく)ボールペンとペンケースはどうですか。

高橋(たかはし)　いいですね。そうしましょう。

パク　先輩(せんぱい)は去年(きょねん)の誕生日(たんじょうび)に何(なに)をもらいましたか。

高橋(たかはし)　両親(りょうしん)から白(しろ)いワンピースをもらいました。

パク　あ、昨日(きのう)着(き)ていたワンピースですか？かわいかったです。

高橋(たかはし)　はは、ありがとうございます。

練習1 例のように話しましょう。

例　A：Bさん、かわいいスカートですね。

B：ありがとうございます。去年、パリで買ったスカートです。

1）A：Bさんは、いつもどこで洋服を買いますか。

B：私はいつも、______デパートで買います。（ソウルにあります）

2）A：今日、いっしょにお昼を食べませんか。

B：いいですね。______カレー屋はどうですか。（先週、先輩と行きました）

3）A：Bさん、______ジャケットですね。（ポケットがかわいいです）

B：ありがとうございます。昨日、セールで買いました。

4）A：Bさん、昨日のデートはどうでしたか。

B：楽しかったですよ。______モールでショッピングをしました。

（先月、カンナムにオープンしました）

練習2 例のように自由に話しましょう。

例　好きな人のタイプ

A: Bさんはどんな人がタイプですか。

B: 優しくて、動物が好きな人がいいです。Aさんはどうですか。

A: まじめで、勉強をがんばっている人がいいです。

1) 結婚したい人のタイプ
2) 将来の仕事
3) 旅行したい場所

練習3 例のように話しましょう。

例　A: 熱があるとき、どうしますか。

B: 病院に行きます。

例　熱があります，病院に行く

1) 分からない単語があります，辞書で調べる
2) お金がないです，友だちからお金を借りる
3) 暇です，友だちに電話をかける
4) 友だちとけんかをしました，(自由)

練習4 例のように自由に話しましょう。

例　A：去年のクリスマスに何をもらいましたか。

　　B：メッセージカードとぬいぐるみをもらいました。

1）去年の誕生日に何をもらいましたか.（自由）

2）今年の誕生日は何をもらいたいですか.（自由）

3）去年はオボイナル（父母の日）に何をあげましたか.（自由）

4）今年はオボイナル（父母の日）に何をあげたいですか.（自由）

練習5 例のように話しましょう。

例　A：そのスマホケース、すてきですね。

　　B：ありがとうございます。誕生日に、友だちがくれました。

例　スマホケース，誕生日，友だち

1）ペンケース，バレンタイン，彼女

2）かばん，記念日，彼氏

3）財布，クリスマス，両親

4）時計，入学式の日，兄

5）（自由）

第13課

いいホテルがないんですよ

第13課

いいホテルがないんですよ

パク　パンフレットがたくさんありますね。

高橋(たかはし)　はい、今(いま)、来月(らいげつ)のサークル旅行(りょこう)の準備(じゅんび)をしているんです。

キム　え、どこに行(い)くんですか。

高橋(たかはし)　今年(ことし)は海(うみ)に行(い)くんですが、いいホテルがないんですよ。

パク　海(うみ)ですか？やった〜、このサークルに入(はい)ってよかったです。

キム　高橋先輩(たかはしせんぱい)、このパンフレットはもう見(み)ましたか？

高橋(たかはし)　まだ見(み)ていないです。いいホテルありましたか？

キム　はい、このホテル、景色(けしき)がきれいで安(やす)いですよ。

高橋(たかはし)　いいですね。ここにしましょう。

パク　ビーチで泳(およ)いだり、バーベキューをしたりしましょう。

キム　夜(よる)には花火(はなび)もいいですね。

練習1 例のように話しましょう。

例　A：この映画、もう見ましたか？

　　B：いいえ、まだ見ていません。早く見たいです。

例　この映画，見る，早く見たいです

1) この小説，読む，(自由)

2) 宿題のレポート，書く，(自由)

3) 夕食の準備，する，(自由)

4) 図書館から借りた本，返す，(自由)

練習2 例のように自由に話しましょう。

例　A：新しいスカートですね。

　　B：はい。昨日、新宿で買ったんです。

例　新しいスカートです，はい。昨日、新宿で買いました

1) すてきなかばんです，ありがとうございます。誕生日に両親からもらいました

2) 少しやせました，はい。毎日、ジムで運動しています

3) 最近つかれています，はい。仕事がとても忙しいです

4) 今日は朝から図書館にいます，はい。もうすぐ期末試験があります

練習3 例のように自由に話しましょう。

例 週末

A: 週末はいつも何をしますか。

B: カフェでコーヒーを飲んだり、友だちと映画を見に行ったりします。

A: いいですね。Bさんはどんな映画が好きなんですか。

B: アクション映画が好きです。でも、ラブロマンスもよく見ます。

Aさんは、週末はいつも何をするんですか。

A: 私は土曜日はアルバイトをして、日曜日はジムで運動をします。

B: 何のアルバイトをしているんですか。

A: コンビニです。大変ですが、おもしろいですよ。

1) A: 週末はいつも何をしますか。

2) A: 家族で旅行したことはありますか？

(どこに行ったんですか、いつ行ったんですか、何で行ったんですか…)

練習4 例のように自由に話しましょう。

例 英語の勉強

A：先輩、相談があるんですが、時間ありますか。

B：だいじょうぶですよ。どうしたんですか。

A：英語の点数が悪いんです。

B：う～ん、、、何が苦手なんですか。

A：特にリスニングが苦手です。

B：そうですか。じゃあ、英語のドラマをたくさん見てください。
スラングが少なくて、英語がかんたんなドラマがいいですよ。

1) 日本語の成績(e. g. 漢字が難しい)

2) 恋人へのプレゼント(e. g. 何を買うか)

第14課

ふたが開(あ)いていますね

第14課

ふたが開(あ)いていますね

鈴木(すずき)　パクさん、どうしたんですか。

パク　このペットボトル開(あ)かないんです。先輩(せんぱい)、開(あ)けてください。

鈴木(すずき)　はい、開(あ)きましたよ。どうぞ。

パク　ありがとうございます！

高橋(たかはし)　パクさん、ソーセージは焼(や)けましたか？

パク　今(いま)、焼(や)いています。あれ、これは何(なん)の肉(にく)ですか？

高橋(たかはし)　ラム肉(にく)です。食(た)べたことありますか？

パク　いいえ。でも、食(た)べてみたいです。

高橋(たかはし)　あれ、クーラーボックスのふたが開(あ)いていますね。

パク　あ、鈴木先輩(すずきせんぱい)がもうビールを飲(の)んでいます！

練習1 例のように話しましょう。

例　A：すみません、ちょっといいですか。

B：はい。どうしましたか。

A：電気がつかないんですが。

B：じゃあ、私がつけますね。ちょっと待ってください。

はい、つきましたよ。

例　電気がつきません，つける

1）窓が開きません，開ける

2）ドアが閉まりません，閉める

3）火が消えません，消す

4）かぎがかかりません，かける

練習2 例のように話しましょう。

例　A：あれ、電気がついていますね

B：あ、そうですね。私が消します。

例　電気がつく，消す

1）窓が開く，閉める

2）ドアが閉まる，開ける

3）火が消える，つける

4）かぎがかかる，開ける

練習3 例のように話しましょう。

例　A：これは何ですか。

B：アボカドです。食べたことありますか？

A：いいえ。食べてみたいです。

例　アボカド，食べる

1) ゴーヤ，食べる

2) シークワーサージュース，飲む

3) 村上春樹の小説，読む

練習4 例のように自由に話しましょう。

例 京都でしてみたいこと

A: Bさん、来週、京都に行くんですか？

B: はい。初めて行くんですが、とても楽しみです。

A: 京都では何をしてみたいですか。

B: 着物を着て、京都の街を歩いてみたいです。

1） 大阪でしてみたいこと

2） 沖縄でしてみたいこと

出(で)る

入(はい)る

（電気(でんき)が）消(き)える

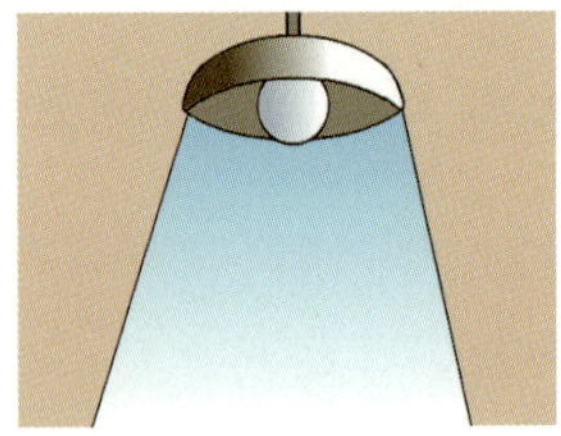

（電気(でんき)が）つく

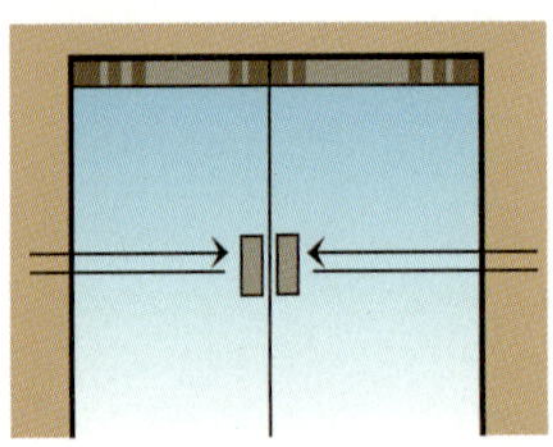

閉(し)まる

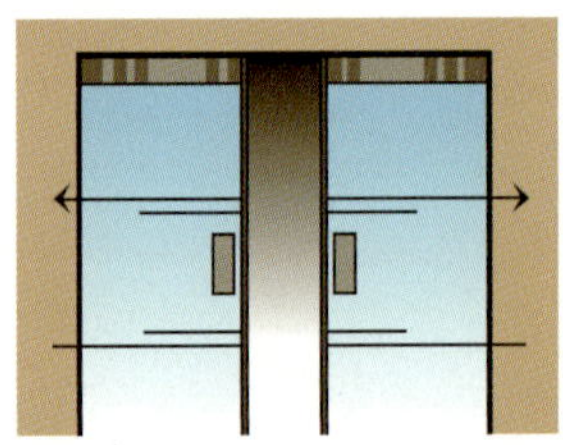

開(あ)く

落(お)ちる

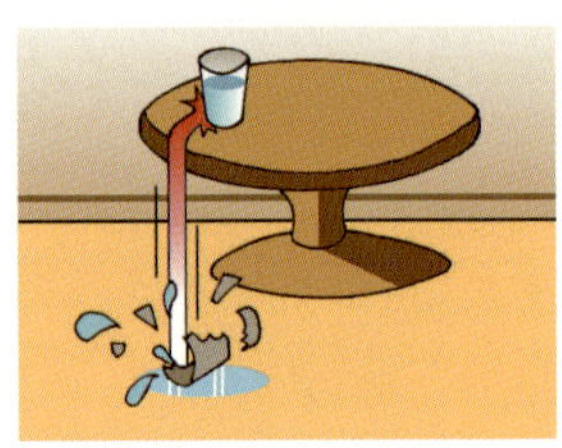

（コップが）割(わ)れる

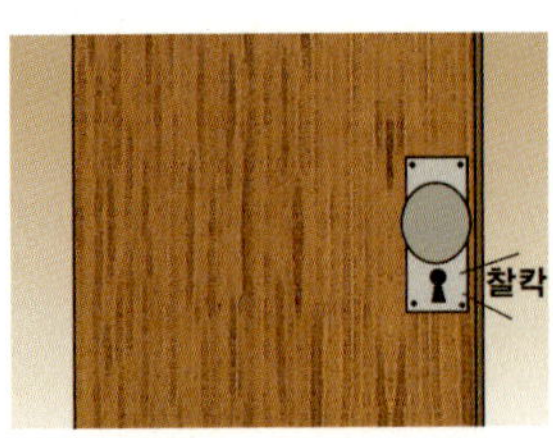

（かぎが）かかる

（車(くるま)が）とまる

出す

入れる

（電気を）消す

（電気を）つける

閉める

開ける

落とす

（コップを）割る

（かぎを）かける

（車を）とめる

第15課

サンダルは
はかないでください

第15課

サンダルははかないでください

店長(てんちょう)　最後(さいご)に、何(なに)か質問(しつもん)はありますか。

パク　あの、仕事(しごと)をするときサンダルをはいてもいいですか。

店長(てんちょう)　えっと、サンダルははかないでください。

パク　わかりました。それから、髪(かみ)はむすんだほうがいいですか。

店長(てんちょう)　いいえ、むすばなくてもいいですよ。

パク　はい。あ、急(きゅう)に仕事(しごと)を休(やす)むときはどうすればいいですか。

店長(てんちょう)　必(かなら)ず連絡(れんらく)してください。
あと、かわりの人(ひと)は自分(じぶん)で探(さが)さなければなりません。

パク　そうですか。分(わ)かりました。

店長(てんちょう)　それでは、来週(らいしゅう)から働(はたら)いてください。

パク　はい、よろしくお願(ねが)いします！

練習1 例のように話しましょう。

例　A：後ろのドアを閉めてもいいですか。

　　B：はい、いいですよ。／すみません、ちょっと…

例　後ろのドアを閉める

1）この小説を読む

2）机の上にあるケーキを食べる

3）このボールペンを使う

4）トイレを借りる

練習2 例のように話しましょう。

例　A：明日、遊園地に行くんですが、いっしょに行きませんか。

　　B：あ、すみません、明日は大学に行かなければならないんです。

例　明日，遊園地に行きます，大学に行きます

1）今週の日曜日，ピアノのコンサートに行きます，試験の準備をします

2）明日の午後，駅前の映画館に映画を見に行きます，病院に行きます

3）あさってのお昼，高橋先輩とごはんを食べます，先生に大事な書類を届ける

4）今晩，サークルの飲み会があります，参加します，課題の本を読みます

練習3 絵を見て例のように話しましょう。

例　A：あのマークはどういう意味ですか。

B：「写真をとってはいけません /

とらないでください」という意味です。

練習(れんしゅう)4　例(れい)のように話(はな)しましょう。

例(れい)　A：すみません、このレストランではスーツを着(き)たほうがいいですか？

　B：いいえ、着(き)なくてもいいですよ。

例(れい)　このレストラン，スーツを着(き)る

1）会議(かいぎ)，ネクタイをしめる

2）教室(きょうしつ)，帽子(ぼうし)を取(と)る

3）この部屋(へや)，靴(くつ)をぬぐ

4）たたみの上(うえ)，正座(せいざ)をする

第16課

浅草(あさくさ)でお団子(だんご)を食(た)べよう

キム　『日本文化(にほんぶんか)の理解(りかい)』のレポート、ユナは何(なに)を書(か)くつもり？

パク　「秋祭(あきまつ)り」について書(か)こうと思(おも)ってるんだ。

キム　へ～、そうなんだ。僕(ぼく)は「浴衣(ゆかた)」について書(か)くつもり。

パク　私(わたし)、浴衣(ゆかた)だいすき！

キム　ユナは浴衣(ゆかた)持(も)ってる？

パク　ううん。

キム　浅草(あさくさ)で浴衣(ゆかた)のレンタルのお店(みせ)があるから、いっしょに行(い)ってみる？

パク　え、本当(ほんとう)？浴衣(ゆかた)着(き)たい！

キム　じゃあ、いっしょに行(い)こうよ。ユナ、浴衣(ゆかた)似合(にあ)うと思(おも)うよ。

パク　ありがとう。ミンスもいっしょに着(き)よう！

キム　そうだね。浴衣(ゆかた)を着(き)て、浅草(あさくさ)でお団子(だんご)を食(た)べよう。

パク　賛成(さんせい)！

練習1 例のように話しましょう。

例　A：今度の週末、何か予定はありますか。

　　B：はい。友だちと温泉に行こうと思っています。

例　友だちと温泉に行く

1） 家族で親戚の家を訪ねる

2） カラオケに行ったりショッピングをしたりする

3） 土曜日は図書館で試験の準備をして、日曜日は家で休む

4） 韓国から来る友だちと新宿で会って、お酒を飲む

練習2 例のように話しましょう。

例　A：Bさん、冬休みは何かしますか。

　　B：はい。日本に旅行に行くつもりです。

例　日本に旅行に行きます

1） 本をたくさん読みます

2） ピアノの練習をします

3） 車の免許を取ります

4） （自由）

練習3 例のように話しましょう。

例　A：Bさん、今日も遅くまで仕事をしますか？

　　B：いいえ。子どもの誕生日なので、早く家に帰ります。

例　今日も遅くまで仕事をする，子どもの誕生日です，早く家に帰る

1）今夜お酒を飲みに行く，かぜをひいています，病院に行く

2）今日もアルバイトがある，今日は店が休みです，アルバイトはない

3）授業の後で図書館に行く，今日は疲れています，図書館には行かない

4）最近もたばこを吸っている，のどが痛くなります，やめた

練習4 「から」を使って普通体で自由に話しましょう。

例　好きな季節

　　A：ねえねえ、Bはどの季節がいちばん好き？

　　B：そうだなあ。花火大会や夏祭りがあるから、夏がいちばん好き。Aは？

　　A：え～と、僕は春。桜がきれいだからね。

1）好きな食べ物

2）嫌いな食べ物

3）得意なスポーツ

4）苦手な教科

練習5 例のように普通体で自由に話しましょう。

例　趣味

A：Bの趣味は何？

B：音楽。よくライブに行くよ。

A：そうなんだ。どんな音楽が好きなの？

B：ロック！日本の歌も聞くし、海外の歌もよく聞くよ。

A：僕もロック好きだよ。今度、いっしょにライブ行こうよ。

B：いいね！Aは音楽の他に何か趣味あるの？

A：ショッピングも好きだよ。週末はよくカロスキルに行くんだ。

B：わ～、おしゃれだね。

1）好きな映画やドラマ

2）行ってみたい国

第17課

宝(たから)くじが当(あ)たったら、どうしますか

第17課

宝くじが当たったら、どうしますか

キム　昨日、宝くじで100万円が当たる夢を見ました。

高橋　すごい。その100万円は何に使ったんですか。

キム　宝くじに当たって喜んで、そこで起きてしまいました。

高橋　はは、残念でしたね。じゃあ、本当に宝くじが当たったら、どうしますか。

キム　う～ん、バイトをやめちゃうと思います。
そして、ヨーロッパ旅行に行きます。

パク　ヨーロッパのどこに行きたいの？

キム　そうだなあ。料理がおいしい国！

パク　料理がおいしいところだったらイタリアがいいよ。

キム　うわ～、いいね。でも、イタリアは、結婚したらハネムーンで行きたいな。

練習1 例のように話しましょう。

例　A：すみません、昨日借りたボールペンをなくしてしまったんですが。

B：あ、だいじょうぶですよ。気にしないでください。

例　ボールペンをなくす

1）シャープペンを壊す
2）プリントを破く
3）本にコーヒーをこぼす
4）かさをバスの中に忘れる

練習2 例のように話しましょう。

例　A：昨日、どうして電話に出なかったの。

B：ごめん、携帯が壊れちゃったんだ。

例　昨日，電話に出ませんでした，ごめん、携帯が壊れました

1）今日，遅刻しました，寝坊しました
2）昨日，書類を出しませんでした，書類をなくしました
3）今夜，飲み会に来ません，実は、かぜをひきました
4）最近，連絡をくれません，急に仕事が忙しくなりました

練習(れんしゅう)3 例(れい)のように話(はな)しましょう。

例(れい) A：東京(とうきょう)に旅行(りょこう)に行(い)こうと思(おも)っているんですが、どこがおすすめですか。

B：観光(かんこう)スポットがたくさんあるところだったら、浅草(あさくさ)がいいですよ。

例(れい) 東京(とうきょう)，観光(かんこう)スポットがたくさんあります，浅草(あさくさ)

1）北海道(ほっかいどう)，景色(けしき)がきれいです，富良野(ふらの)

2）アメリカ，博物館(はくぶつかん)が多(おお)いです，ワシントンDC

3）オーストラリア，動物(どうぶつ)がたくさんいます，シドニー

4）ソウル，（自由(じゆう)），（自由(じゆう)）

練習(れんしゅう)4 例(れい)のように話(はな)しましょう。

例(れい) A：明日(あした)、時間(じかん)があったら、美術館(びじゅつかん)に行(い)きませんか。

B：いいですね、そうしましょう。

例(れい) 明日(あした)，時間(じかん)がある，美術館(びじゅつかん)に行(い)く

1）明日(あした)，仕事(しごと)が早(はや)く終(お)わる，いっしょに夜(よる)ごはんを食(た)べる

2）今度(こんど)の土曜日(どようび)，暇(ひま)だ，映画(えいが)を見(み)る

3）明日(あした)の午後(ごご)，晴(は)れ，僕(ぼく)の車(くるま)でドライブをする

4）今週(こんしゅう)の日曜日(にちようび)，天気(てんき)がいい，ハイキングに行(い)く

練習5 例のようにインタビューをしましょう。

例　A：もし100万円があったら、どうしますか。

　　B：世界一周旅行がしたいです。

	＿＿＿＿さん	＿＿＿＿さん	＿＿＿＿さん
100万円がある			
1億円がある			
好きな人ができる			
男（女）だ			

第18課

ピアノを弾(ひ)くことができます

第18課

ピアノを弾(ひ)くことができます

鈴木(すずき)　来月(らいげつ)、彼女(かのじょ)の誕生日(たんじょうび)なんです。
お祝(いわ)いをしたいんですが、何(なに)かいいアイディアはありますか？

パク　う～ん、先輩(せんぱい)は何(なに)か特技(とくぎ)がありますか。

鈴木(すずき)　料理(りょうり)ができます。あ、あとはピアノを弾(ひ)くことができます。

パク　じゃあ、レストランでピアノを弾(ひ)いたらどうですか。
駅前(えきまえ)のイタリアンレストランは、お客(きゃく)さんもピアノが弾(ひ)けますよ。

鈴木(すずき)　いい考(かんが)えですね！彼女(かのじょ)の前(まえ)で上手(じょうず)に弾(ひ)くために、たくさん練習(れんしゅう)しなくてはいけませんね。

パク　わあ、うらやましい。

鈴木(すずき)　ありがとうございます。パクさんは、付(つ)き合(あ)っている人(ひと)はいるんですか？

パク　気軽(きがる)にそんな質問(しつもん)したらだめですよ、先輩(せんぱい)！

練習1 例のように話しましょう。

例　A：何か得意なスポーツはありますか？

B：え～と、サッカーができます。でも、あまり上手じゃありません。

例　スポーツ，サッカー

1）楽器，バイオリン

2）料理，肉じゃが

3）外国語，アラビア語

4）スポーツ，（自由）

練習2 例のように話しましょう。

例　A：日本では何歳からお酒を飲むことができますか。

B：20歳から飲むことができますよ。

例　お酒を飲みます，20歳

1）たばこを吸います，20歳

2）車の免許を取る，18歳

3）結婚します，男性は18歳から女性は16歳

練習3 例のように話しましょう。

例　A：Bさん、この漢字が読めますか？

　　B：はい、読めますよ。ばら(薔薇)です。

例　この漢字を読む，ばら(薔薇)

1) 納豆を食べる，大好きだ

2) イタリア料理を作る，パスタが得意だ

3) バスの運転をする，免許を持っている

4) 明日は午前8時までに会社に来る，早起きには自信がある

練習4 例のように話しましょう。

例　A：Bさん、アメリカに留学すると聞いたんですが。

　　B：はい、英語を勉強するために留学します。

例　アメリカに留学します，英語を勉強します，留学します

1) アルバイトを始めました，冬休みにヨーロッパ旅行をします，始めました

2) 昨日、授業を休みました，会社の面接に行きます，休みました

3) 昨日、病院に行きました，健康診断を受けます，行きました

4) 毎日ジムに通っています，やせます，がんばって運動しています

練習5 例のように自由に話しましょう。

例　好きな人のタイプ

A：Bさんは、どんな人がタイプなんですか。

B：そうですね～、料理ができて、車の運転が上手な人です。

A：どんな料理を作れる人がいいですか。

B：イタリアンが作れたら最高です！Aさんはどんな人がタイプですか。

A：私はピアノが弾ける人がいいですね。

B：楽器ができる人もいいですよね。

1) 結婚したい人のタイプ

2) 旅行したい場所

第19課

かぜをひいたそうです

第19課

かぜをひいたそうです

鈴木　あれ、今日はキムさん来ないんですか？

パク　はい、かぜをひいたそうです。

鈴木　そうですか。

パク　実は私も調子がよくなくて、さっき薬を飲みました。

高橋　え、パクさんも？じゃあ、今日はお酒飲めないですね。

パク　はい。薬を飲んだ後にお酒を飲んだらよくないですから。

高橋　そうですね。

パク　あ、高橋先輩、最近、彼氏ができたそうですね。どんな人ですか。

高橋　え、よく知ってますね。

う～ん、かっこいいし、頭もいいし、、、

あ、もう少し優しければ、最高かなあ。

鈴木　高橋さん、お酒を飲むとおしゃべりになりますね。

練習1 例のように話しましょう。

例　A：高橋さんはどんな人ですか。

　　B：そうですね～。優しいし、まじめな人です。

例　高橋さん，優しい，まじめだ

1）鈴木さん，ハンサムだ，親切だ

2）田中さん，きれいだ，おもしろい

3）日本語会話の先生，（自由），（自由）

4）（自由［大学の友だち］），（自由），（自由）

練習2 例のように話しましょう。

例　A：すみません。どうすればおつりが出ますか。

　　B：このボタンを押すと出ますよ。

例　おつりが出る，このボタンを押します

1）ドアが開く，ドアの前に立ちます

2）電気がつく，コンセントをここにさします

3）リムジンバスに乗れる，あのカウンターで予約します

4）新幹線の切符が買える，「みどりの窓口」に行きます

練習3 例のように話しましょう。

例　A：サークルの夏合宿、行きますか？

B：お金があれば行きますし、なければ行きません。

1) 明日のお昼ご飯はどうしますか。

(仕事が多い)ば会社で食べますが、(多くない)ば会社の近くのレストランで食べます。

2) 明日は家にいますか？

(天気が悪い)ば家にいますが、(いい)ば出かけます。

3) 週末は何をするつもりですか。

(晴れる)ばピクニックに行きますが、(雨が降る)ば映画を見に行きます。

4) 今日の夜ご飯はどうしますか。

(お腹がすいている)ばステーキ屋に行きますが、(すいていない)ば家でサラダを食べます。

練習4 伝言ゲームをしましょう。

4〜5人のグループになってください。先生が最初の人に例のような文を伝えます。文を聞いた人は「〜そうだ」を最後につけて、次の人に伝えてください。

例　昨日、高橋さんはコンビニに行って、雑誌を2冊とパンを3つと牛乳を1本買いました。

第20課

雨が降りそうですね

第20課

雨が降りそうですね

キム　今日はちょっと蒸し暑いですね。

高橋　そうですね。ちょっと窓を開けてくれませんか？

キム　はい。[窓を開ける]

あ、雨が降りそうですね。

高橋　え、本当ですか。キムさん、かさ持っていますか？

キム　いえ、今日は雨が降ると思っていなくて…

高橋　私、かさ二本持っているんですが、貸してあげましょうか？

キム　ありがとうございます。でも、どうして二本あるんですか？

高橋　ああ、前にサークルルームに忘れちゃったんです。

キム　はは、私もバスにかさを忘れたことがありますよ。

高橋　実は私もです。

練習1 例のように話しましょう。

例　A：暑そうですね。窓を開けましょうか？

　　B：ありがとうございます。助かります。

例　暑い，窓を開ける

1）寒い，エアコンをつける

2）少し眠い，コーヒーをいれる

3）荷物が重い，少し持つ

4）仕事が大変だ，ちょっと手伝う

練習2 例のように話しましょう。

例　A：昨日は何をしたんですか。

　　B：妹の宿題を手伝ってあげました。

例　妹の宿題を手伝う

1）弟を空港まで送る

2）母に料理を作る

3）友だちに英語を教える

4）（自由）

練習3 例のように話しましょう。

例　A：すみません、代わりに図書館に本を返してくれませんか。

　　B：いいですよ。

例　図書館に本を返す

1）事務室に書類を出す

2）会議に出席する

3）飲み物を買ってくる

4）（自由）

練習4 例のように話しましょう。

例　A：昨日は残業したと聞いたんですが、仕事は終わりましたか？

　　B：はい、課長に手伝ってもらいました。

例　昨日は残業しました, 仕事は終わりましたか, 課長が手伝います

1）漢字が苦手です, だいじょうぶですか, クラスの友だちが教えます

2）仕事を探しています, 見つかりましたか, 先輩が紹介します

3）かぜをひきました, ご飯はしっかり食べていますか, 母が作ります

4）事務室が閉まっていました, 書類は出せましたか, 事務の人がドアを開けます

練習5「～てくれる」と「～てあげる」を使って自由に話しましょう。

例　A：高橋さんはどんな人ですか。

B：とても優しい人です。

私が悩んでいるとき、いつも相談にのってくれます。

それに、私の仕事が大変なときは、よく手伝ってくれます。

A：そうですか。いい人ですね。

B：はい。高橋さんが忙しいとき、今度は私が手伝ってあげたいです。

1）（自由［家族］）はどんな人ですか。

2）（自由［大学の友だち］）はどんな人ですか。

第21課

いつもはもっと混(こ)んでいるみたいですよ

第21課

いつもはもっと混んでいるみたいですよ

キム　すみません、寝坊して遅れてしまいました！

高橋　はは、だいじょうぶですよ。

キム　アラームをセットしたんですけど、起きられませんでした、、、

パク　え～、子どもみたい。

高橋　パクさん、厳しいですね。

キム　あの～、今日はどこに行くんですか。

パク　え、知らないの？

高橋　今日は外苑に行きますよ。

キム　あ、そうですか。ところで、今日は人がたくさんいますね。

高橋　はい。でも、いつもはもっと混んでいるみたいですよ。

パク　紅葉シーズンですからね。

練習1 例のように話しましょう。

例　A：日本語の勉強が難しくて、大変です。

　　B：そうですか。友だちと勉強会をしたら、どうですか。

例　日本語の勉強が難しい，大変だ，友だちと勉強会をする

1）かぜをひいてしまう，のどが痛い，病院に行く

2）必要な本が図書館にない，困っている，先生に聞いてみる

3）今日は授業が朝から夜まである，疲れる，明日は家でゆっくり休む

4）最近、仕事が忙しい，家族に会う時間がない，課長に相談する

練習2 例のように話しましょう。

例　A：日本語は好きなんですけど、勉強は好きじゃありません。

　　B：そうですか。じゃあ、日本語のドラマを見るといいですよ。

例　日本語は好きです，勉強は好きじゃない，日本語のドラマを見ます

1）高橋さんにお金を貸しました，返してくれない，先輩に相談します

2）仕事がたくさんあります，少し眠い，コーヒーを飲みます

3）ちょっと暑いです，クーラーは嫌い，扇風機を使います

4）好きな人ができました，まだあまり話したことがない，（自由）

練習3 例のように話しましょう。

例　A：すみません、宿題をしたんですけど家に置いてきてしまいました。

　　B：分かりました。次は気をつけてくださいね。

例　宿題をしました, 家に置いてきてしまった

1) 目覚まし時計をセットしました, 起きられなかった
2) タクシーで来ました, 道が混んでいて遅れてしまった
3) メールを確認しました, 返信を忘れていた
4) 電話をかけたかった, (自由)

練習4 例のように話しましょう。

例　A：高橋さん、今日はいつもと感じが違いますね。

　　B：そうですね。今日はアイドルみたいです。

例　高橋さん, アイドル

1) 鈴木さん, スポーツ選手
2) 田中さん, ミュージシャン
3) (自由 [となりの席の友だち]), (自由 [芸能人の名前])
4) (自由 [大学の友だち]), (自由)

練習5 例のように話しましょう。

例　A：あのレストラン、いつもお客さんが並んでいますね。

B：はい、人気があるみたいですね。

例　あのレストラン、いつもお客さんが並んでいる，人気があります

1) 教室の電気がついている，誰かいます

2) 事務室の電気が消えている，誰もいません

3) 高橋さん、いつも残業している，仕事が忙しいです

4) 花火があがっている，どこかでお祭りをしています

第22課

犬(いぬ)に手(て)をかまれました

第22課

犬に手をかまれました

高橋　キムさん、ずいぶんぬれていますが、だいじょうぶですか？

キム　さっき、雨に降られたんです。

高橋　確かに大雨が降っていましたね。

キム　はい。それに、大学の前で犬に手をかまれました。

高橋　だいじょうぶですか？？

キム　ちょっと痛かったです。でも、だいじょうぶです。

高橋　今日は、大変な日ですね…。

キム　はい。しかも、午前中は学科の先輩に怒られました。

高橋　そうでしたか。じゃあ、今夜は、何かおいしいものを食べに行きましょう！

キム　そうしましょう！あ、あれ、財布がない、、、

練習1 例のように話しましょう。

例　A：Aさん、高校生のとき、先生にほめられたことはありますか？

　　B：はい、一度だけあります。嬉しかったです。

例　先生がほめる，嬉しかった

1）先生が怒る，怖かった

2）結婚式に招待する，とても感動した

3）告白する，（自由）

練習2 例のように話しましょう。

例　A：ソウルオリンピックはいつ開催されましたか？

　　B：1988年です。

例　ソウルオリンピック，開催する，1988

1）このピカソの絵，書く，1937

2）Nソウルタワー，建てる，1971

3）（自由），発見する，（自由）

練習3 例のように話しましょう。

例　A：あれ、Bさん、あまり元気がないみたいですね。

B：実は、バスの中で財布をぬすまれたんです。

A：そうですか。

B：今日、新しい財布を買いに行くつもりです。

例　バスの中で財布をぬすんだ，今日、新しい財布を買いに行きます

1) 電車で強く足をふんだ，授業の後で病院に行きます
2) 弟が携帯をなくした，これから新しい携帯を買いに行きます
3) 友だちがパソコンを壊した，これからカスタマーサービスに電話します
4) 母が大事なまんがを捨てた，でも、もうあきらめて勉強を頑張ります

練習4 例のように話しましょう。

例　A：昨日、雨に降られて、かぜをひいてしまったんです。

B：それは大変ですね。

A：はい…

B：今夜はゆっくり休んでくださいね。

A：ありがとうございます。

例　昨日、雨が降った，かぜをひいてしまいました，今夜はゆっくり休んでくださいね

1）ペットの犬が逃げた，昨日は一日中探していました，（自由）

2）試験期間に友だちが遊びに来る，勉強できませんでした，（自由）

3）目の前でバスが行った，会社の面接に遅れてしまいました，（自由）

第23課

タクシーでお帰(かえ)りになるんですか

第23課

タクシーでお帰りになるんですか

先生　今日はクリスマスイブ、明日はクリスマスですね。

　　　みなさん、何か予定はありますか。えっと、ユナさん、どうですか。

パク　私はサークルの友だちとお酒を飲みに行きます。

　　　先生はどうなさいますか。

先生　私は家族でレストランに行くつもりです。

パク　そうですか。先生はお酒も召しあがりますか？

先生　はい、よく飲みますよ。

パク　お酒を飲んだときは、タクシーでご自宅までお帰りになるんですか？

先生　はい。でも、地下鉄で帰ったりもしますよ。ミンスさんは、

　　　クリスマス、どうするんですか。

キム　彼女がいない僕に、それを聞かないでください。

練習(れんしゅう)1 例(れい)のように話(はな)しましょう。

例(れい)　A：先(さき)ほどのお客様(きゃくさま)は？

　　　B：あちらでチケットをお買(か)いになっています。

1）書類(しょるい)を書(か)く

2）雑誌(ざっし)を読(よ)む

3）別(べつ)のお客様(きゃくさま)と話(はな)す

4）パソコンを利用(りよう)する

練習2 例のように話しましょう。

例　A：課長、報告書はもうご覧になりましたか？（見る）

　　B：ああ、問題はなかったよ。どうもありがとう。

1）A：お客さま、コーヒーはお食事といっしょに＿＿＿＿＿か？（飲む）

　　B：いいえ、食後に持ってきてください。

2）A：お客さま、このキャンペーンは＿＿＿＿＿か？（知っている）

　　B：いいえ。くわしく教えてください。

3）A：先生、明日は大学に＿＿＿＿＿か？（いる）

　　B：ええと、午後2時から午後6時までいますよ。

4）A：先生は今週末もテニスを＿＿＿＿＿か？（する）

　　B：はい、しますよ。

練習3 例のように、社長と秘書になって話しましょう。

例　秘書：こちらが今日のお昼のメニューです。

どちらを召しあがりますか？（食べますか）

社長：じゃあ、今日はカツ丼にしよう。

1）秘書：＿＿＿＿＿？（会社には何時ごろに来ますか）

社長：午前中は家で仕事をするから、会社には1時ごろに来るよ。

2）秘書：この報告書、もう＿＿＿＿＿？（読みましたか）

社長：（自由）

3）秘書：会議の資料は、もう＿＿＿＿＿？（受け取りましたか）

社長：（自由）

4）（自由）

第24課

有名（ゆうめい）な観光（かんこう）スポットをご案内（あんない）します

第24課

有名(ゆうめい)な観光(かんこう)スポットをご案内(あんない)します

パク　先生(せんせい)、ミンスから、先生(せんせい)が冬休(ふゆやす)みに韓国(かんこく)にいらっしゃると聞(き)いたんですが。

先生(せんせい)　はい。家族旅行(かぞくりょこう)でソウルに行(い)きます。

パク　もしよかったら、私(わたし)がソウルをご案内(あんない)しましょうか？

先生(せんせい)　ユナさん、冬休(ふゆやす)みは韓国(かんこく)に帰(かえ)るんですか？

パク　はい。1月(がつ)7日(なのか)までソウルにいます。

先生(せんせい)　そうなんですね。1月(がつ)5日(いつか)は時間(じかん)ありますか？

パク　はい。では、5日(いつか)に先生(せんせい)のホテルに伺(うかが)います！

先生(せんせい)　ありがとうございます。とても助(たす)かります。

パク　ホテルの名前(なまえ)を伺(うかが)ってもいいですか？

先生　外大前ホテルです。知っていますか？

パク　あ、私の家の近所です！
当日は先生のホテルに伺って、有名な観光スポットをご案内します。

練習1 例のように「お/ご～する」の謙譲語を使って話しましょう。

例　A：すみません、A会議室にはどのように行けばいいですか。
B：A会議室ですね。私がご案内します。（案内する）

1）A：商品が届いたら、電話で連絡してもらえる？
B：承知しました。届いたらすぐに________。（電話します）

2）A：明日の午後、会議があるんだけど、資料を準備できる？
B：はい、承知しました。明日の11時までに________。（用意します）

3）A：すみません、先月注文したパソコンがまだ届いていないんですが…
B：申し訳ありません。確認して、すぐに________。（送ります）

4）A：すみません、事務室の電話番号、分かりますか？
B：今________ので、少々________。（調べます、待ってください）

練習2 例のように特別な形の謙譲語を使って話しましょう。

例　A：明日、夕方6時に駅前のカフェで会える？

B：はい、だいじょうぶです。それでは明日お目にかかります。

(会います)

1) A：明日の午後2時に私の家に来てもらえる？

B：はい。それでは、午後2時に先生の________。(家に行きます)

2) A：先生、このプリント________？(もらってもいいでしょうか)

B：はい、いいですよ。

3) A：お客さま、パスポートを________？(見てもいいでしょうか)

B：はい、どうぞ。

4) A：社長、明日の午後の予定をもう一度________？

(聞いてもいいでしょうか)

B：ええと、明日の午後は2時から会議で、4時にお客さんが来るよ。

練習3 例のように自由に話しましょう。

例　A：新聞を読みたいんですが…

B：新聞ですね。すぐお持ちします。（持って行く）

1）A：クリーニングを頼みたい服があるんですが…

B：（自由）

2）A：空港まで行きたいんですが…

B：（自由）

3）A：このスーツケース、ちょっと重くて…

B：（自由）

4）A：このホテルから品川駅までは近いですか？

B：（自由）

ふろく

ふろく1

単語(たんご)

時(とき)

おととい	<	昨日(きのう)	<	今日(きょう)	>	明日(あす/あした)	>	あさって
先々週(せんせんしゅう)	<	先週(せんしゅう)	<	今週(こんしゅう)	>	来週(らいしゅう)	>	再来週(さらいしゅう)
先々月(せんせんげつ)	<	先月(せんげつ)	<	今月(こんげつ)	>	来月(らいげつ)	>	再来月(さらいげつ)
おととし	<	去年(きょねん)	<	今年(ことし)	>	来年(らいねん)	>	再来年(さらいねん)

時間(じかん)

1時	いちじ
2時	にじ
3時	さんじ
4時	よじ
5時	ごじ
6時	ろくじ
7時	しちじ
8時	はちじ
9時	くじ
10時	じゅうじ
11時	じゅういちじ
12時	じゅうにじ
何時	なんじ
～時半	～じはん

1分	いっぷん
2分	にふん
3分	さんぷん
4分	よんぷん
5分	ごふん
6分	ろっぷん
7分	ななふん
8分	はっぷん／はちふん
9分	きゅうふん
10分	じ(ゅ)っぷん
11分	じゅういっぷん
20分	にじ(ゅ)っぷん
30分	さんじ(ゅ)っぷん
40分	よんじ(ゅ)っぷん
50分	ごじ(ゅ)っぷん
60分	ろくじ(ゅ)っぷん
何分	なんぷん

曜日(ようび)

月曜日(げつようび)　火曜日(かようび)　水曜日(すいようび)　木曜日(もくようび)　金曜日(きんようび)　土曜日(どようび)　日曜日(にちようび)

月(つき)

いちがつ 1月	にがつ 2月	さんがつ 3月	しがつ 4月	ごがつ 5月	ろくがつ 6月
しちがつ 7月	はちがつ 8月	くがつ 9月	じゅうがつ 10月	じゅういちがつ 11月	じゅうにがつ 12月

日(ひ)

ついたち 1日	ふつか 2日	みっか 3日	よっか 4日	いつか 5日
むいか 6日	なのか 7日	ようか 8日	ここのか 9日	とおか 10日
じゅういちにち 11日	じゅうににち 12日	じゅうさんにち 13日	じゅうよっか 14日	じゅうごにち 15日
じゅうろくにち 16日	じゅうしちにち 17日	じゅうはちにち 18日	じゅうくにち 19日	はつか 20日
にじゅういちにち 21日	にじゅうににち 22日	にじゅうさんにち 23日	にじゅうよっか 24日	にじゅうごにち 25日
にじゅうろくにち 26日	にじゅうしちにち 27日	にじゅうはちにち 28日	にじゅうくにち 29日	さんじゅうにち 30日
さんじゅういちにち 31日				

助数詞(じょすうし)

	～つ	～人	～枚
1	ひとつ	ひとり	いちまい
2	ふたつ	ふたり	にまい
3	みっつ	さんにん	さんまい
4	よっつ	よにん	よんまい
5	いつつ	ごにん	ごまい
6	むっつ	ろくにん	ろくまい
7	ななつ	しちにん/ななにん	ななまい
8	やっつ	はちにん	はちまい
9	ここのつ	きゅうにん	きゅうまい
10	とお	じゅうにん	じゅうまい
?	いくつ	なんにん	なんまい
例(れい)	みかん めがね 消(け)しゴム	人(ひと)	お皿(さら) プリント

	～個	～本	～冊
1	いっこ	いっぽん	いっさつ
2	にこ	にほん	にさつ
3	さんこ	さんぼん	さんさつ
4	よんこ	よんほん	よんさつ
5	ごこ	ごほん	ごさつ
6	ろっこ	ろっぽん	ろくさつ
7	ななこ	ななほん	ななさつ
8	はっこ	はっぽん	はっさつ
9	きゅうこ	きゅうほん	きゅうさつ
10	じ(ゅ)っこ	じ(ゅ)っぽん	じ(ゅ)っさつ
?	なんこ	なんぼん	なんさつ
例(れい)	みかん めがね 消(け)しゴム	傘(かさ) ボールペン 缶(かん)ジュース	本(ほん) 教科書(きょうかしょ) ノート

動詞の活用

		マス形	テ形	ナイ形	辞書形
I	買う	買い(ます)	買って	買わ(ない)	買う
	待つ	待ち(ます)	待って	待た(ない)	待つ
	乗る	乗り(ます)	乗って	乗ら(ない)	乗る
	*ある	あり(ます)	あって	ない	ある
	死ぬ	死に(ます)	死んで	死な(ない)	死ぬ
	遊ぶ	遊び(ます)	遊んで	遊ば(ない)	遊ぶ
	飲む	飲み(ます)	飲んで	飲ま(ない)	飲む
	聞く	聞き(ます)	聞いて	聞か(ない)	聞く
	*行く	行き(ます)	*行って	行か(ない)	行く
	泳ぐ	泳ぎ(ます)	泳いで	泳が(ない)	泳ぐ
	話す	話し(ます)	話して	話さ(ない)	話す
II	見る	見(ます)	見て	見(ない)	見る
III	来る	来(ます)	来て	来(ない)	来る
	する/～する	し(ます)	して	し(ない)	する/～する

		タ形	意志形	バ形
I	買う	買った	買おう	買え(ば)
	待つ	待った	待とう	待て(ば)
	乗る *ある	乗った あった	乗ろう —	乗れ(ば) あれ(ば)
	死ぬ	死んだ	死のう	死ね(ば)
	遊ぶ	遊んだ	遊ぼう	遊べ(ば)
	飲む	飲んだ	飲もう	飲め(ば)
	聞く *行く	聞いた *行った	聞こう 行こう	聞け(ば) 行け(ば)
	泳ぐ	泳いだ	泳ごう	泳げ(ば)
	話す	話した	話そう	話せ(ば)
II	見る	見た	見よう	見れ(ば)
III	来る	来た	来よう	来れ(ば)
	する/〜する	した	しよう	すれ(ば)

ふろく2

文法項目

第1課

- 名詞述語文：「学生です」
- 格助詞「の」1 ：「経済学科の学生」
- 肯定と否定：「はい、学生です」「いいえ、学生じゃありません」
- 疑問助詞「か」：「経済学科ですか」
- 疑問語「どこ」「何」：「専攻は何ですか」
- 格助詞「と」：「テニスと野球です」

第2課

- 指示語１「これ」「それ」「あれ」：「これは日本の小説です」
- 指示語２「この」「その」「あの」：「その本は何ですか」
- 格助詞「の」２ ：「何の本ですか」
- 格助詞「の」３ ：「先輩のですか」

第3課

- イ形容詞「～いです」：「おいしいです」
- ナ形容詞「～です」：「好きです」
- イ形容詞「～い…（名詞）」：「甘い飲み物」
- ナ形容詞「～な…（名詞）」：「静かな音楽」
- 格助詞「が」：「雰囲気がいいです」

・疑問表現「どんな」「どうですか」：「このお店のコーヒーはどうですか」

・終助詞「ね」：「おいしいですね」

第4課

・イ形容詞「～かったです」：「おもしろかったです」

・ナ形容詞「～でした」：「大変でした」

・形容詞の並列１：「漢字が多くて難しかったです」

・形容詞の並列２：「難しかったですが、おもしろかったです」

第5課

・動詞「～ます」：「運動します」

・格助詞（方向）「へ」：「映画館へ行きます」

・格助詞（場所）「で」：「図書館で勉強します」

・格助詞「と」：「友だちと遊びます」

・格助詞（時間）「から」「まで」：「9時から5時まで」

・格助詞（時間）「に」：「午後2時に」

第6課

・動詞「～ました」：「お弁当を食べました」

・勧誘「～ませんか」：「一緒に勉強しませんか」

・格助詞（手段）「で」：「バスで行きました」

・格助詞（場所）「から」「まで」：「プサンから福岡まで」

・格助詞（目的）「に」：「桜を見に行きました」

・月と日付：「4月11日」

・曜日：「土曜日」

第7課

・存在動詞「いる」「ある」：「本屋があります」

・並列助詞「や」：「バーベキューや花火をしました」

・助数詞：「本が二冊あります」

・位置：「机の上に本があります」

・「誰か」「何か」：「中に何かありますね」

第8課

・「～がほしい」：「ネックレスがほしいです」

・「～たい」：「通訳の仕事がしたいです」

・「～なる」：「最近、暖かくなりました」

・「～なりたい」：「教師になりたいです」

第9課

・比較１：「英語は日本語より難しいです」

・比較２：「チーズケーキとチョコレートケーキ、どちらが好きですか」

・最上級１：「韓国でいちばんおいしいケーキ屋はどこですか」

・最上級２：「ケーキの中で何がいちばん好きですか」

・数字：「390円」

第10課

- テ形
- 「～てください」：「自己紹介をしてください」
- 「～てから」：「歌を聞いてから、たこ焼きを食べませんか」
- 進行「～ています」：「絵を描いています」

第11課

- タ形
- 辞書形
- 「～たり～たりする」：「ショッピングをしたり、スイーツを食べたりしました」
- 「～たことがありますか」：「ヨーロッパに行ったことがありますか」
- 「～(名詞) 前に/後に」：「2年前にイギリスに行きました」
- 「～前に/後に」：「就職する前にヨーロッパを旅行したいです」

第12課

- 名詞修飾：「パリで買ったスカートです」
- 「～とき」：「熱があるとき、どうしますか」
- 授受動詞1「あげる/くれる/もらう」：「いっしょにプレゼントをあげましょう」

第13課

- 説明「～んです」：「はい、仕事が忙しいんです」
- 質問「～んですか」：「どんな映画が好きなんですか」

・前置き「～んですが」:「相談があるんですが、時間ありますか」

・「もう」「まだ」:「もう食べましたか」

第14課

・自動詞と他動詞:「このペットボトルが開きません。開けてください」

・「(自動詞)ている」:「クーラーボックスのふたが開いていますね」

・「～てみたい」:「食べてみたいです」

第15課

・ナイ形

・「～てもいいですか」「～てはいけません」:「ドアを閉めてもいいですか」

・「～ないでください 」:「写真をとらないでください」

・「～たほうがいいですか」「～なくてもいいです」:「髪はむすんだほうがいいですか」

・「～なければならない」:「明日は大学に行かなければならないんです」

第16課

・普通体

・意志形

・引用助詞「と」:「温泉に行こうと思っています」

・「～つもりです」:「日本に旅行に行くつもりです」

・「〜から/〜ので」[言い切りも]：「子どもの誕生日なので、早く家に帰ります」

第17課

・「〜てしまう/ちゃう」：「ボールペンをなくしてしまいました」
・仮定1「〜たら」：「宝くじが当たったら、どうしますか」
・仮定2「〜たら」：「結婚したらハネムーンでイタリアに行きたいな」
・「〜(名詞) だったら」：「料理がおいしいところだったらイタリアがいいよ」

第18課

・可能1「〜ができる」：「ピアノができます」
・可能2「〜ことができる」：「ピアノを弾くことができます」
・可能3「〜ことができる」：「20歳からお酒を飲むことができます」
・可能4「〜(ら) れる」：「ピアノが弾けます」
・「〜ために」：「英語を勉強するために留学します」

第19課

・並列「〜し、〜し」：「優しいし、まじめな人です」
・仮定3「〜ば」：「お金があれば行きます」
・条件「〜と」：「このボタンを押すとおつりが出ますよ」
・伝聞「〜そうだ」：「かぜをひいたそうです」

第20課

- 様態「～そうだ」：「雨が降りそうです」
- 提案「～ましょうか」：「窓を開けましょうか」
- 授受動詞２「～てあげる/くれる/もらう」：「妹の宿題を手伝ってあげました」
- 依頼「～てくれませんか/もらえませんか」：「窓を開けてくれませんか」

第21課

- 理由「～て」：「寝坊して遅れてしまいました」
- 逆接「～けど」：「紅茶は好きなんですけど、コーヒーは好きじゃありません」
- 言い訳「～けど」：「宿題をしたんですけど家に置いてきてしまいました」
- 推定「～みたい」：「いつもはもっと混んでいるみたいですよ」
- 比況「～みたい」：「子どもみたいですね」

第22課

- 直接受け身：「先生に怒られました」
- 間接受け身１：「雨に降られました」
- 間接受け身２：「犬に手をかまれました」

第23課

- 尊敬語１：「召し上がりますか」
- 尊敬語２：「タクシーでお帰りになるんですか」
- 名詞の尊敬語：「ご自宅」
- 美化語：「お酒」

第24課

- 謙譲語１：「先生の研究室に伺います」
- 謙譲語２：「ソウルをご案内します」

초급 일본어회화

초판 인쇄	2019년 3월 4일
초판 발행	2019년 3월 11일
엮은이	한국외국어대학교 일본어통번역학과 교재편찬위원회
발행인	김인철
총괄 · 기획	가정준 Director, University Knowledge Press
편집장	신선호 Executive Knowledge Contents Creator
도서편집	박현정 Contents Creator
전자책편집	인은주 e-Contents Creator
재무관리	강현주 Managing Creator
사전 · 출판	정준희 Contents Creator
마케팅 파트장	백승이 Chief Marketing Creator
마케팅	이현진 Marketing Creator
발행처	한국외국어대학교 지식출판콘텐츠원 02450 서울특별시 동대문구 이문로 107 전화 02)2173-2493~7 팩스 02)2173-3363 홈페이지 http://press.hufs.ac.kr 전자우편 press@hufs.ac.kr 출판등록 제6-6호(1969. 4. 30)
디자인 · 편집	(주)이환디앤비 02)2254-4301
인쇄 · 제본	네오프린텍 02)718-3111

ISBN 979-11-5901-450-5 14730 정가 24,000원
ISBN 979-11-5901-449-9 (세트)

*잘못된 책은 교환하여 드립니다.

HUINE은 한국외국어대학교 지식출판콘텐츠원의 어학도서, 사회과학도서, 지역학 도서 Sub Brand이다. 한국외대의 영문명인 HUFS, 현명한 국제전문가 양성(International +Intelligent)의 의미를 담고 있으며, 휴인(携引)의 뜻인 '이끌다, 끌고 나가다'라는 의미처럼 출판계를 이끄는 리더로서, 혁신의 이미지를 담고 있다.

초급
일본어회화